www.tredition.de

Eine Sammlung von Gedichten über Träume und Erfahrungen, die uns das Leben schenkt, und den Blick in eine Richtung lenkt. Ein Drittel der Einnahmen gehen an die Familie Elisabeth F.

Die beinhalteten Gedichte sind chronologisch geordnet, um die Farben der Gefühle, welche beim Schreiben wie auch beim Lesen hervortreten nicht zu bündeln, sondern das Auf und Ab des Lebens widerzuspiegeln. Ausnahmen bestätigen die Regeln! Der letzte kurze Reim beschreibt eventuell einen Grund des Schweigens, wenn man geschlagen wird.

Afra

Lautlose Kinder

Seelenklang

Reimklang

Einklang

Mein Klang

www.tredition.de

Das Werk, einschließlich aller seiner Teile, ist urheberrechtlich geschützt. Jede Verwertung ist ohne Zustimmung des Verlages und des Autors unzulässig. Dies gilt insbesondere für Vervielfältigungen, Übersetzungen, Mikroverfilmungen und die Einspeicherung und Verarbeitung in elektronischen Systemen.

© 2008 Autor: Afra Verlag: tredition GmbH
www.tredition.de
Printed in Germany

ISBN: **978-3-86850-211-4**

Bibliografische Information der Deutschen Nationalbibliothek
Die Deutsche Nationalbibliothek verzeichnet diese Publikation
in der Deutschen Nationalbibliografie; detaillierte bibliografi-
sche Daten sind im Internet über http://dnb.d-nb.de abrufbar.

Glaubensbekenntnis	7
Ich liebe Dich	9
Oberhell	10
Ångst	11
Dein Engel	12
An die Gottesmutter	13
Mei` oder net mei` Kind	14
Medizin	15
Vater unser	16
Der Kamerad	17
Es war einmal	18
Aller guten Dinge sind drei	19
Es is wia`s is	20
Liab oder Diab	21
Die Grenze	22
I möcht` schlåffa	23
Ångst und Nebel	24
Von Null auf Hundert	25
Du	26
Ich sag ja	27
Valiabt mit Glück	28
Durch deine Saat / Der irdische Feind	29
Deine Aug`n	30
Nur a Geschenk	31
Nur für mich	32
Frei aussa	33
Irgendwånn	34
So schön is die Welt	35
Dem Jubelpaar	36
A guata Christ	37
Sein wia da Wein	38
Drei Kerzen	39

Gold und Silber   40
Da stille See   41
Das Erbe   42
Das Leben ist ein Fest   43
Gute Freunde   44
I ruaf å`   45
Zwoa Gebote   46
Auf der anderen Seite des Weges   47
Abendgebet   48
Sommertraum   49
Lautlose Kinder   50

Glaubensbekenntnis

Ich glaube an Gott, den Vater den allmächtigen!
Er gibt die Macht den Mächtigen,
jedoch der Schwache, der an ihn glaubt,
den Mächtigen seiner Macht beraubt!
Der Schöpfer des Himmels und der Erde
will, dass Frieden ist unter der Menschenherde,
doch der Mensch, ob stark ob schwach,
verdirbt den Frieden unterm Himmelsdach!

Jesus Christus, durch den heiligen Geist empfangen,
    von der Jungfrau Maria geboren,
sie hatte ein reines Herz, darum war sie auserkoren
den Gottessohn in die Welt zu bringen,
für ihn dürfen wir ein Loblied singen.

Unter Pontius Pilatus litt sein eingeborener Sohn,
viel Leid musste er ertragen, viel Spott und Hohn.
Gekreuzigt, gestorben, begraben und in den Himmel aufgefahren,
wie das funktioniert, werden wir im Leben nie erfahren,
aber wer daran glaubt und auf Gott vertraut,
hat sicher nicht auf Sand gebaut!
Nur drei Tage war er tot,
er wurde für uns zu Wein und Brot.

Er sitzt beim Vater zur Rechten,
von dort wird er kommen,
    zu trennen die Guten und die Schlechten,
die Lebenden und die Toten zu richten,
die Guten aber wird er nicht vernichten.

Ich glaube an den heiligen Geist!
Dieser Satz, jedem, der ihn spricht, viel Gutes verheißt,
denn bist du ausgebrannt und leer,
öffne dein Herz für seine Flamme, das hilft dir sehr!

Die heilige katholische Kirche, wer daran glaubt,
und ihren Sinn erkennt und überhaupt
die Kirche ist überall, nicht nur im Gotteshaus,
denn geht der Christ aus diesem hinaus
und vertritt im Gespräch die Dreifaltigkeit,
so sind zwei zu dritt und nicht zu zweit!

Gemeinschaft der Heiligen! Vergebung der Sünden!
Wer Reue zeigt, wird Vergebung finden,
und nach der Beichte Buße tut,
ist auf dem richtigen Weg, es tut ihm gut.

Die Auferstehung der Toten auch keiner versteht,
niemand weiß wohin er geht?

Geh` deinen Weg ohne Eile und Hast!
So mancher glaubt, dass er etwas verpasst,
und wenn du kommst in die Scheune des Herrn,
wird er dich aufnehmen, und sicher gern`,
und warst du ihm dein Leben lang treu,
kommst du zum Weizen und nicht zur Spreu!

Lebe dein Leben und verehre Gottes Namen,
dann wirst du ewig leben! Amen!

17.6. 2003

Ich liebe Dich!

Ich liebe Dich! Ich freue mich,
wenn ich dich seh` in meiner Näh`!
Ich sage dir, ich liebe dich,
drum bleib bei mir, ich brauche dich,
denn nur wir zwei, wir sind uns treu,
ich möcht` mir das bewahren,
das Glück, das ich gehabt
in all den Jahren!

Ich denke mir, dass es bei dir
genau so ist wie auch bei mir,
dass du mich liebst, mir Treue gibst,
ich danke dir ganz viel dafür!
Du sollst mit mir nur glücklich sein,
ich möcht` mein bestes geben,
denn du, du bist die Frau,
mit dir möcht` ich leben!

30.8.2004

2004 da ging es mir
bei Gott nicht gut, du gabst mir Mut!
Es war sehr schwer, doch hinterher,
das weiß ich heut`, was es bedeut`,
wenn du mich liebst, mir Stütze gibst
in diesen schweren Tagen,
denn du, du warst sehr stark,
du hast mich getragen!

1.11.2004

9

Oberhell!

„Oberhell", wås des bedeut`,
fråg`n se sicher a Hauffa Leut`.
So wia`s im Leb`n a recht oft is,
wås ma net kennt, gibt´s a gånz g´wiss
und oberhell des is bekånnt
an Bergsteiger im Tirolerlånd!
Wånn de am Berg gengan in da Fruah,
und es håt an Nebel, des Tål is zua,
dånn drah`n s` net um, sondern gengan weida,
de wiss`n genau auf da Höh` is`s g`scheida!
Und `sWeidageh`n des wird belohnt,
weil wånn s` ob`n san segn s` ihr Lånd!
Des is zuadeckt wia a Bett mit ana weiß`n Deck`n
und selber kinnan se se in da Sonne strecken!
Hiazt gibt`s dånn månchmål ba uns Leit`
den Fåll, dass ma` krånk san, dass uns går nix gfreit.
Då låss` ma in Kopf hänga, oder tret`n auf da Stell`,
daweil sollt` ma auffi schau`n, denn es is „oberhell"!

7.11.2004

Ångst!

I håb soviel Ångst,
weils d` soviel valångst,
und wånns d` mi vaschonst,
dånn håb i koa Ångst!

Da Kelch, der is voll,
i woaß net, wås des soll,
kånn eahm kam mehr datråg`n,
i kånn nur mehr klåg`n!
Wås hilft`s, wånn ma reat,
wånn`s koana mehr heat,
a wånns d` di dafångst
bleibt trotzdem die Ångst!

Refrain......

Dei` Wülln is dei` Wülln,
mei` bittere Pülln,
es håt går kån Sinn,
wånn i s` net nimm,
denn de Pülln is mei` Leb`n
und du håst ma`s geb`n,
wås sei` muass, muass sei`,
a weng siassa kunnt s` sei`!

Refrain......

23.11. 2004 15:00

„Dein Engel"!

Ein **Engel** ist bei dir und gibt dir Mut!
Ein **Engel** ist bei dir und es wird gut!
Ein **Engel** ist bei dir und steht dir bei!
Ein **Engel** ist bei dir und hört dein Leid!
Ein **Engel** ist bei dir und gibt dir Ruh`!
Ein **Engel** ist bei dir und hört dir zu!
Ein **Engel** ist bei dir und gibt dir Kraft!
„Dein Engel", er ist deine Leidenschaft!

Ein **Engel** ist bei dir, weil er dich trägt!
Ein **Engel** ist bei dir, wenn man dich schlägt!
Ein **Engel** ist bei dir, bei Tag und Nacht!
Ein **Engel** ist bei dir, er dich bewacht!
Ein **Engel** ist bei dir, er gibt dir Zeit!
Ein **Engel** ist bei dir, er trägt dich weit!
Ein **Engel,** er hilft dir bei jeder Tat!
„Dein Engel", hilft dir säen deine Saat!

3.12. 2004

An die Gottesmutter!

Heilige Maria, Mutter aller Kinder,
so wie du lieb` ich meine Kinder,
ich gebe ihnen das tägliche Brot,
bin selber doch in großer Not!
Ich habe alle lieb gewonnen,
doch nun hat es so begonnen,
dass sich eines von mir entfernt
und in der Fremde andere lieben lernt!
Lass` mich diese Situation ertragen
und gib, dass mich an manchen Tagen
mein Kind mich liebt wie ich es gegeben!
Schicke dazu deinen göttlichen Segen!

5.12.2004

Mei` oder net mei` Kind?

A Kind is net eicha Håb und Guat!
Zwår a Mischung aus eichan Bluat,
eah` Körper is va eich, des is fix,
åber va den wås drinnen wohnt sicher nix!

Es deaft`s eah d`Liab` geb`n, åber net d`Gedånk`n,
weil sunst kemman s` leicht ins wånk`n,
weil wånn wer denk`n muass, wås der ånd`re will,
dånn heat a auf damit und wird gånz still!

Wås gånz guat wa`, wånn`s des amoil tat`s
wa`, dass öfter so wia d`Kinder sad`s,
åber bitte probiert`s net des,
dass d`Kinder sei` soll`n so wia ehs!

Stellt`s eich vor jetzt Pfeil und Bog`n,
i hoff´, i håb` an jed`n dazua bewog`n,
und de Eltern san a Bog`n und da Pfeil is a Kind!
Nur wånn`s d` in Bog`n spånnst, fliagt da Pfeil im Wind!
Da Schütze gibt `sZiel, da Bog`n de Kråft,
wånn da Pfeil trifft, dånn håbt`s es g`schåfft!

7.12. 2004

14

Medizin!

An Doktor, an Pfårrer und an guat`n Freund,
wensd` wås dazählst liegt in deine Händ`!
Wånns d` mit`n Dr. red`st, dearfst a net spår´n
mit da Wåhrheit, sunst hålt`st di selb`n fia`n Nårr`n!
Såg`s eahm genau, wo`s weh tuat in dir drinn`,
dånn kriagst de richtige Medizin!

10.12. 2004

Vater unser!

Vater unser, wir heiligen deinen Namen!
Lass uns säen deinen Samen!
Dein Reich komme, dein Wille geschehe!
Bin ich allein, bist du in meiner Nähe!

Wie im Himmel so auch auf Erden
sollen alle deine Kinder werden!
Gib uns das tägliche Brot!
Halte fern von uns die Not!

Und vergib uns unsre Schuld,
lass uns weitergeben diese Huld
an jene, die uns etwas schulden,
und wir das wie du erdulden!

In die Versuchung sollst du uns nicht führen!
Geleite uns, das wollen wir spüren!
Bewahre uns vor allem Bösen!
Haben wir uns verirrt, kannst du uns erlösen!

Denn dein ist das Reich! Und die Kraft!
Unter deinem Schutz man alles schafft!
Denn deine Herrlichkeit, die ist für alle Zeit
in unsrem Leben und in Ewigkeit!

KW03 20005 auf Malta

Der Kamerad!

(Es stand ein Soldat am Wolgastrand)

Du bist selt`n laut und selt`n staad!
Du bist a guata Kamerad!
Wånn`s passt, dånn sågst du „Måch des net"
und wånn`s net passt, sågst das net!
Du håst fia sowås des richtige G`spür,
und i glaub, du håst då an Eng`l ba dir!
I wünsch dir va Herz`n, dass des nia vablåsst,
und dass di dein Eng`l nia valåsst!

9.6.05

Es war einmal!

Es wår amoi a Zeit, då håb` i mi vor`m Neb`l g`fiacht,
a wånn d`Sunn g`scheint håt, dånn wår`s net liacht,
irgendwås wår då vakehrt,
i håb` g`låcht und gleichzeitig g`reat!

I håb mir g`ságt, gib dir an Ruck,
geh` am Neb`l zua, dånn weicht er z`ruck!
I bin durchi durch de Neb`lwånd
und hiatza scheint mei` Sunn` aufs Lånd!

Mei` Sunn` låsst mi låcha jetzt vamehrt,
und des wås wår, wår net vakehrt,
und jeder Tåg is fia mi sche`,
weil i woaß`s, wås sei` muass des muass sei`!

21.6.2005

Aller guten Dinge sind drei!

So wiasd` wårst,
so håb` i di` mög`n,
i bi` gern ån
deiner Seit`n g`leg`n!

So wiasd` bist,
måg i di` a´,
weil nur mia zwoa
mia san mia zwa!

Und so wiasd` wirst,
so is`s ma recht,
weil i woaß genau
du måchst nix schlecht!

23.8.2005

Es is wia`s is!

Wårum is fia mi da Tåg so kurz und de Nåcht so lång?
Wårum is mir oft Ångst und bång?
Wårum fühl` i mi wia in an Verlies?
Nur z`weg`n den, weil`s is wia`s is!

Wårum bin i glückli`, wårum bin i froh
und wårum kånn i låcha g`råd` a so,
wårum gibt`s des verliabt sein? Ach so süß!
Nur z`weg`n den, weil`s is wia`s is!

Wårum gibt`s a Freud, wårum an Schmerz?
Wårum gibt`s a G`fühl tiaf d`rinn` in mein Herz?
Wårum kånn i denk`n wås i wieder vergiss?
Nur z`weg`n den, weil`s is wia`s is!

Wårum kånn i leb`n? Wårum kånn i sein?
Wårum kånn i wen weh toa? Is des gemein?
Wårum leb`n månche wia im Paradies?
Nur z`weg`n den, weil`s is wia`s is!

Wårum geht`s ma guat? Wårum geht`s ma schlecht?
Wårum måch i`s fålsch? Wårum måch i`s recht?
Wårum måch i`s schlecht? Wårum måch i`s guat?
Weil jeder für sich des Richtige tuat!

3.10.2005 00:30

20

Liab oder Diab?

D`Liab is a Diab!
Sie nimmt so wia`s kimmt,
mit Freud unser Zeit,
mit Geduld
unser Schuld!
Aus Trauer wird Freud!

D`Liab is a Måcht,
aus`m Tåg måcht s` a Nåcht,
aus der Pflicht wird Licht,
gånz schnell
wird`s hell
und die Finsternis bricht!

D`Liab is wia a Brot!
Ohne Nåhrung bist tot,
du isst des wås d` bist,
mit Genuss
bis zan Schluss,
weilsd` `sLeb`n sonst vermisst!

D`Liab is koa Trick!
Wer s` håt, håt a Glück,
sie g`hört g`hegt und pflegt,
sei froh
wånn s` då,
weil wer s` g`spürt, der lebt!

21.10.2005

Die Grenze!

Gott ist tot für viele Leute,
denn das Volk benimmt sich wie eine Meute!
Jeder will haben, nur nichts geben
und so wird ausgelaugt das Leben!
Vor lauter Gier ist man überlastet,
denn es heißt: „Wer rostet – rastet"!
Voll bepackt mit tausend Dingen
wir uns durch den Wald des Lebens zwingen!
Auch er hat Grenzen, der Wald des Lebens,
so mancher wartet dort vergebens,
denn Gott ist tot! Bleibt nur mehr hoffen!
Nur wenn er lebt, ist seine Grenze offen!

27.10.2005

I möcht` schlåffa!

I bi` so müd`, und kånn net schlåffa!
A jeder ånd`re håt`s besser troffa,
der ei`schlåft, sobåld er si` tåni legt,
åber mi` då oa`fåch z`viel bewegt!

I bi` so müd`, i wia a Nårr!
Geh sing ma g`råd` a wen`g wås vor,
sche` leise und wånn `s geht sche` staad,
oder a kurze G`schicht? A bisserl fad!

I bi` so müd` und mit deiner Stimm`
am besser`n i zan schlåffa kimm,
wånn i s`hör, gånz still und staad,
wås mi` bewegt, dei` Stimm` vawaht!

1.11.2005

Ångst und Nebel!

Es gibt a Ångst, es gibt an Nebel,
is net des gleiche und net des selbe,
va ob`n und unt`, va hint` und vorn
kimmt beides z`gleich, hålt di fia`n Nårr`n!

Des mit da Ångst und mit`n Nebel
is beides gleich, es is des selbe!
Probier`s amoi, gib da an Ruck,
geh` g`råd` drauf zua, weicht beides z`ruck!

4.11.2005

Von Null auf hundert und retour!

In der heutigen Zeit ist es so Sitte,
es gibt nur Oben und Unten, keine Mitte!
Keinen Anfang und kein Ende?
Was machen dann nur meine Hände,
wenn nicht endet was begonnen,
sobald`s entspringt, ist`s schon zerronnen?
Egal ob Arbeit, Lieb`, ob Freud`,
jedes Tun braucht seine Zeit!
So wie der Strom als Bach entspringt,
so unser Leben auch beginnt.
Der Mensch soll nichts mit Gewalt erzwingen,
auch das Wasser kann nicht ohne Zutun springen.
Wir haben gelernt, wenn man Wasser führt,
ein jedes mal der Mensch verliert,
und wenn jemand Menschen führt, der soll bedenken,
sie lassen sich wie Wasser lenken!
Von Null auf Hundert, ob Mensch oder Natur,
kommt irgendwann einmal retour!

10.11.2005

Du!

Ich werde wach am frühen Morgen,
fühl` mich allein, das macht mir Sorgen!
Ich dreh` mich um und komm` zur Ruh`,
denn neben mir liegst Du!

Dieser Tag hat gut begonnen,
doch wie gewonnen, so zerronnen!
Den ganzen Tag komm` ich nicht zur Ruh`,
ich brauch` nur Eins, und das bist Du!

Jeder Tag ist für mich schön,
ich kann mit dir durchs Leben geh`n!
Am Abend komm ich nur zur Ruh`,
nur wenn Du da bist! Du! Nur Du!

10.11.2005

Ich sag ja!
(The Rose)

Ich sag ja! Nur mit dir leben
will ich schon lange Zeit!
Ich sag ja! Dass wir uns lieben
im Frieden und auch im Streit!
Denn wir haben uns versprochen
vor Gott am Traualtar!
Ich sag ja! Will mit dir leben,
noch lange, Jahr für Jahr!

Ich sag ja! Seitdem du da bist,
bin ich nicht mehr allein!
Ich sag ja! Das Glück soll bleiben,
für immer soll es so sein!
Denn der Bund, den wir geschlossen,
der ist so wunderbar!
Ich sag ja! Mit dir zu leben
bis jetzt und immerdar!

Du sagst ja! Weil wir uns lieben,
bist du mir immer nah!
Du sagst ja! So lang wir leben,
sind wir nur für uns da!
Denn wir haben uns versprochen,
vor Gott, vor langer Zeit!
Du sagst ja! Es soll so bleiben
bis in die Ewigkeit!

12.3.2006

Valiabt mit Glück!

(Text und Musik: Afra)

I möcht` wieder valiabt sein,
i möcht` wieder amoi rean vor lauter Freud`!
I möcht` wieder amoi glückli` sein!
I gspür`s genau, es is höchste Zeit!

12.6.2005

Glück zan håb`n is koa Pflicht!
Fliagt`s da zua, dånn zög`re nicht!
Wånns das håst, dånn håt`s a G`wicht!
Genieße es, aber jag` es nicht!

7.5.2005

Durch deine Saat!

(Lord I want to be a Christian)

Herr vermehre uns den Glauben
durch deine Saat, durch deine Saat!
Herr vermehre uns den Glauben
durch deine Saat!

Herr verstärke unsre Hoffnung
durch deine Saat, durch deine Saat!
Herr verstärke unsre Hoffnung
durch deine Saat!

Herr entzünd´ in uns die Liebe
durch deine Saat, durch deine Saat!
Herr entzünd´ in uns die Liebe
durch deine Saat!

1.9.2006

Der irdische Feind

Wånns d` geg`n mi kämpfst, håst scho` valor`n,
weil der Mensch der is nu net gebor`n,
der mi besiegt! Du kleiner Wicht
triffst meinen Körper! Aber meine Seele nicht!

23.9.2006

Deine Aug`n!

Deine Aug`n, deine Aug`n,
deine Aug`n möcht` i schau`n!
I schau` so gern eini,
weil i kånn eah vatrau`n!

I will geh`n durch unser Lånd
nur mit dir Hånd in Hånd!
Weil dei` Hånd, wånn s` ba mir,
is so guat, wånn i s`g`spür!

Låss uns geh`n nu recht weit,
so wia gestern und heut,
bis am Åb`nd, auf d`Nåcht,
unser Herrgott gibt Zeit!

2.10.2006

Nur a Geschenk?

A Eng`l is aus Porzellan
und den is`s Wurscht wås mia so tan!
Wånnst sein Blick genau betråch`st,
schaut er genau, wås du g`råd` måchst
in seiner Hånd! De steht fia Geborgenheit!
De geht vielen å` in unsrer Zeit!

A Eng`l is ba dir! Tåg fia Tåg!
Nur wårum? Des is de große Fråg`!
Er hålt di` net fest, sondern fångt di` auf!
In seiner Hånd kånnst råst`n, er gibt di` net auf!
Er is ba dir auf deiner Lebensstiag`n
und wårt, weil du kånnst selber fliag`n!

Wånnst fliagst, dånn wårt er, er gibt di` net auf,
weil wånnst owafållst fångt er di´ auf!
A jeder håt ån fia eahm allån,
egal ob groß, ob ålt, ob Kind, ob klån!
Glaub` ån eahm, o Mensch bedenk`,
er is van Herrgott a Geschenk!

15.10.2006

Nur für mich!
(I do it for you)

Reich mir deine Hand, mich zu führen
    durch mein ganzes Leben!
Reich mir deine Hand, du sollst spüren,
    was du mir gegeben!
In meinem Leben ist sehr viel geschehen
und mein Leben konnt` ich mit dir gehen!
Alles nur durch dich!

Schau mir in mein Herz, du wirst sehen,
    was ich für dich fühle!
Schau mir in mein Herz, zu verstehen!
    Ehrliche Gefühle!
Denn ich spüre immer beim Erwachen,
ich kann weinen und ich kann auch lachen!
Alles nur durch dich!

Es ist an der Zeit, um zu sehen,
    was ich im Leben schuf!
Es ist an der Zeit, um zu gehen,
    ich folge deinem Ruf!
In deine Hände lege ich mein Leben,
denn du hast es mir einmal gegeben!
Nur für mich!

10.11.2006

A jeder, der bet`n will, des åber net so richtig kånn,
braucht Richtlinien bzw. Formeln ån de er si` hålt`n kånn!
Wånn åber `sHerz vor lauter Freud übergeht,
oder wånn`s va da Ångst fåst z`druckt wird,
dånn zoagt a jeder sei` Innerstes und wås ma` sågt,
kimmt

Frei aussa!

Himme`muatta! Hilf ma leb`n!
Wånn i z`viel håb´, hilf ma geb`n,
bin i z`långsåm, hilf ma renna,
wånn mir wer gibt, dånn hilf ma nehma!

Himme`muatta! Hilf ma fåst`n!
Wånn i miad bi`, hilf ma råst`n,
in da Versuchung hilf ma meid`n
und in da Krånkheit hilf ma leid`n!

Himme`muatta! Hilf ma låcha!
Will i Guat`s toa`, hilf ma`s måcha,
bin i traurig, hilf ma rea`n,
is mei letzte Stund`, dånn hilf ma sterb`n!

5.4.2007

Irgendwånn!

Irgendwånn schreib` i wås fia di`,
håb` i a`mål g`sågt, åber i woaß net wie
i des beschreib´n soll, wås du mir bedeut`st,
und de gånze Zeit, de du mi` begleit`st,
suach i nåch Wörter, welche beschreib`n dei` Wes`n
und bis heut is koa Reim da Richtige g`wes`n!

Des dau`t hiatzt scho` an etl`a Jåhr,
åll`s einz`ln auf`zählt, wa` nixi wåhr,
d`rum denk i weiter und tua test`n,
wås fia a G`setz`l passt am best`n,
des di` beschreibt. De brennt de Fråg`!
Wia soll i schreib`n, dass i di` måg?

So wia a Reg`nbog`n mit seine Fårb`n,
so bist du in mei` Leb`n ei`g`fåhr`n
und a Reg`nbog`n wa net so schön,
tat eahm irgend a Fårb` å`geh`n!
Und ba dir då håb` i nu nia a Fårb` vermisst!
D`rum måg i di`! Weils d` bist wias d` bist!

14.4.2007

So schön is de Welt!
(What a wonderful world)

I siach Bam, de bliahn, Äpfe` und Birn`,
Mai oder Åpril, wia `sWetter will!
I geh eini ins Tål, zan Wåsserfåll
und bin wia a Zwerg fia`n Sonntågberg.
Und i såg za mir selbm: „So schön is de Welt!"

Duat siach i a Kind, des is blind,
seit da Geburt is d`Muatta furt!
Doch des Kind, des låcht trotz seiner Nåcht,
sågt`s za mir, måch d`Åug`n zua und g`spia!
Und des Kind låsst mi g`spür`n, so schön is de Welt!

Åber mia, mia san so gierig
nåch Måcht und a nåch Geld,
d`rum is`s hålt oft so schwierig,
weil de Fairness dabei fehlt!
Mia soll`n hålt auf des schau`n,
wås ma eh va Haus aus håb`n,
ån unser Welt, då sollt` ma glaub`n!
Åber na! Mia hau`n s` z`såmm`!

I geh` fuat mit mein Huat, und glaub` duat is`s guat,
doch i find` nur an Wåld, der is genau so kålt!
I gib mir an Ruck, und geh wieder z`ruck
mit`n Huat in da Hånd ins Hoamatlånd.
Und i såg za mir selbm: „So schön is de Welt!"

5.5.2007

Dem Jubelpaar!

Ein Bräutigam und seine Braut
haben sich zu trauen getraut!
Das Glück war ihnen hold,
vor Gott seht hier das Paar in Gold!

Das leichte Grau in Euren Haaren
zeigt uns, dass Ihr vereint seit Jahren,
so Gott es will geht Hand in Hand
noch viele Jahre durch unser Land!

Frühling und Sommer sind vorbei
und auch der Wonnemonat Mai!
Bleibt gesund und seid bereit
für die nächste Jahreszeit!

Genießt des Lebens zweite Rund`,
seid wie die Blätter im Herbst so bunt!
Vertraut auf Gott, wie ein kleines Kind,
dann trägt er Euch, wie das Blatt der Wind!

Wenn dann der Winter kommt ins Land
und Ihr habt es noch, der Liebe Band,
ihr braucht nicht frieren, seid getrost,
denn wahre Liebe besteht im Frost!

Es ist nicht alles Gold, was glänzt,
doch Eure Liebe, unbegrenzt,
besteht und wächst schon lange Zeit!
Ich wünsche es Euch für die Ewigkeit!

27.5.2007

A guata Christ?

Der in Frieden lebt mit erhobenem Haupt
und sei` Leb`n lång nur ån den oan Herrgott glaubt,
der immer aufpasst, wånn er wås berührt,
dass`n da Teufe` net verführt,

der Witze erzählt, egal ob morg`n oder gestern,
der dårf in Herrgott dabei håb`n, åber jå net lästern,
der woaß für wås da Sonntåg steht,
und vorm Früschopp`n in d`Kircha geht,

der seine Wurzeln kennt, der woaß wås er håt,
und sie verehrt bis in den Tod,
der an Krånk`n tröstet in seinen Nöten
und net d`rån denkt, eahm aus Mitleid zu töten,

der in da Ehe Treue übt,
a wånn d`Liab scho` leicht getrübt,
der immer woaß, er dårf nix stehl`n,
weil eahm sonst die Flåmmen quäl`n,

der immer ehrlich is und net liagt,
obwohl er woaß, dass er dånn weniger kriagt,

der nie begehrt, und des is koa Witz,
des Nachbarn Frau(?) und sein Besitz,

der ba koan va de 10 Gebote daneb`n schießt,
der Mensch, der is bestimmt a guata Christ!

14.9.2007

Sein wia da Wein!

Im Urlaub håt`s an Weinstock geb`n,
i håb`n å`g`schaut und håb g`wisst, der is wia `sLeb`n!
Der is zwår ålt und schiach, åber steht då und wårt`
und woaß genau, des Leb`n is hårt!
Sei` Äußeres, des is net schön, d`Haut gånz z`riss`n,
drob`n de junga Trieb tät`n eahm viel vermiss`n,
den ålt`n schiach`n Stock, mit seiner Kråft,
weil nur durch eahm kriag`n de an Såft!

Da Stock alloa steht traurig då, er geht z`grund`
wånn drob`n nix wåchst, wa` er net g`sund.
An junga Trieb is des völlig Wurst,
der wåchst und wåchst und stillt sein` Durst
mit dem, wås er vom Stock erwischt,
und da Såft seiner Frucht wen åndern erfrischt!

In Wein is`s egal, weil es is eahm bestimmt,
von wo da Winzer d`Traub`n nimmt,
und wird er guat wår nix verkehrt
ban junger Trieb, ban Stock und ba da Erd`!

Wånn d`Erd` und da Stock die Eltern san,
und junge Trieb d`raus wåchs`n tan,
und jede Generation ihr bestes versucht,
dånn wird`s bestimmt a guate Frucht!

Da Winzer steht über ålle, so sollt` des sein,
der måcht dånn d`raus an guat`n Wein!

28.9.2007

Drei Kerzen!

Rot!

Am Ånfång is d`Liab,
a wånn s` scho` a weng` triab,
sie wird leicht erweckt,
weil s` tiaf d`rinn` in mir steckt!

Blau!

Dånn kimmt da Glaub`n,
der låsst si` leicht raub`n,
wia wird des nur werd`n
mit uns zwoa, bis zan sterb`n?

Grün!

Die Hoffnung, de is unser Gluat
und de tuat uns guat,
weil durch sie geh`ma duch`s Lånd
bis zan Tod, Hånd in Hånd!

Ehe!

A jed`s alloa, va de drei,
verliert und es wa` schnell vorbei!
I hoff` und i glaub`, dass unser Liab
ållweil lebt und dass s` selt`n triab!

18.10.2007

Gold und Silber!

Gold und Silber hätt` ich gern,
könnt`s auch gut gebrauchen,

hätt` ich nur ein ganzes Meer,
mich darin zu tauchen!

So håt vielleicht da Herrgott amål g`sågt?
Ma` stellt si`n vor åls ålt`n Månn, a wen`g betågt,

åber er kimmt a kloane Ewigkeit net zu seiner Ruh`,
denn sei` Gold und Silber des bist Du!

26.10.2007

Da stille See!

Es is so still um an See, wånn`s Wåsser scho` kålt!
Es is so still um an See, wånn`s Jåhr is scho` ålt!
Es is so still um an See und åll`s kimmt zua Ruah,
weil es kimmt båld da Schnee und der deckt ålles zua!

Es is so still im Advent, in ana ruhigen Nåcht!
Es is so still im Advent, weil des Liacht wird uns `bråcht!
Es is so still im Advent, es braucht nix dazua,
weil es kimmt, mia san`s g`wöh`t, unser Herrgott åls Bua!

Es is so still in da Nåcht, wånn ma` går nixi siacht!
Es is so still in da Nåcht, in da Finstern wird`s liacht!
Es is so still in da Nåcht, Maria håt`s bråcht,
helles Liacht åls a Kind, in da Heiligen Nåcht!

24.11.2007

Es is so still um mei` Seel`, sie is so alloan!
Es is so still um mei` Seel`, sie suacht `sKinderl, des kloan!
Es is so still um mei` Seel`, sie wårt` auf den Tåg
ohne Ångst, ohne Plåg, wånn s` befreit va dem Sog!

5.12.2007

Das Erbe!

Månche Leut`, de san verdorb`n
und tret`n am Stånd eah gånzes Leb`n,
de san wia du und i gebor`n,
åber find`n koa Glück, weil`s eah net geb`n!
De find`n koa Freud`, koa Harmonie,
weil s` ållweil såg`n d`Schuld håb net i!

Månche Leut` san fia mi` heilig,
es gelingt eah åll`s wås sie berühr`n,
månche Leut` san dreimal heilig,
weil de låss`n si` van Herrgott führ`n!
Es gelingt, wås berührt der kleinste Zwerg
im Glaub`n, denn der versetzt jeden Berg!

A jeder der lebt und nix verdirbt,
entscheid`t des selber wia er`s måcht,
wer mit da Erbsünd` lebt und mit ihr stirbt,
der woaß er håt`s Verkehrte g`måcht!
Åll`s wås i erb`, jå des g`hört mir,
åber wås i draus måch, liegt net ån dir!

20.1.2008

Das Leben ist ein Fest!

Ich bin reicher als je zuvor,
doch nicht glücklich, ich armer Tor!
Ich kann mir heute fast alles leisten,
doch eines fehlt mir heut` am meisten,
ich bin gefangen, suche Tugend,
suche Schönheit, Glück und Jugend!
Ich suche die Grenze meiner Schwächen,
wo ist das Leben, das Gebrechen,
wo ist die Liebe, wo der Hass?
Besteht das Leben nur aus Spaß?
Ein Gedanke mich nicht verlässt:
„Unser Leben sei ein Fest",
egal wie viel in meiner irdischen Tasche,
denn alles war und wird zur Asche!

4.2.2008

Gute Freunde!

Da Jesus håt zwölf Freunde g`håbt,
de san mit eahm mit und håb`n eahm g`lobt,
de håb`n eahm verehrt ihr gånzes Leb`n,
Ähnlichkeit zu uns kånn ma` durchaus seh`n!
Drei des wår`n seine Lieblingsfreund,
des gibt`s ba uns a, mia san`s so g`wöhnt!
Am best`n Freund kånn ma` wia auf an Fels`n bau`n,
der wird di` nie ums Haxl hau`n!
Da Petrus, da Andreas und da ältere Jakob,
de erhålt`n van Jesus großes Lob,
van G`wicht her wår sicher oana g`ringer,
de drei wår`n seine Lieblingsjünger!
Da Jakobus der Ältere, des wår des Schöne,
und da Johannes håb`n an Spitznåm` g`håbt, „Donnersöhne"!
A jeder wår a Månn, a reifer,
in Nåm` håb`n s` kriagt weg`n Übereifer!
Zwoa de kenn i heute nu!
Da Erste, vielleicht bist des du,
der glaubt nur des, wås er begreif`n kånn,
Thomas hoaßt der guate Månn!
Den wås i jetzt åls letzt`n nenn`,
koan oanzig`n i ba meine Freunde kenn`,
weil kenna lernt an so an Freund
nur der, der meine Geheimnisse kennt,
de wås eahm mei Spezi g`flüstert håt!
Judas dåmals? Heut` Verråt?

22.2.2008

I ruaf å`!
(I just call)

A Briafpapier liegt lång vor mir,
i find koa Wort, meine Gedånk´n san ba dir.
I denk` fest nåch, wås i då måch,
åll`s wås i schreib`, des gilt gånz sicher 1000-fåch!
Mir fållt nix ei`, i bin net frei,
die Nåcht vergeht so schnell, es is scho` weit nåch 3!
I find` koa Wort, jå des is hårt,
du hebst net å`! I håb`s! I red` mit deiner Box!

I ruaf å` und såg, i brauch di`,
i ruaf å`, i brauch di` jeden Tåg,
i ruaf å` und såg, i brauch di`,
weil i kånn des net beschreib`n, wia i di` måg!

Die Zeit verrinnt so furchtbår g`schwind,
mir wird schon kålt, i steh alloane då im Wind.
I brauch di` so, du bist net då,
i bin so einsåm, weil du gehst mir soviel å`!
I bin alloa`, wås soll i toa`,
mei` Herz tuat weh, weil ohne di` bin i so kloa,
mei` Herz verbrennt`s, ohne dei` Frequenz,
muass dir erzähl`n davon, i nimm des Telefon.

Ref…..

5.3.2008

45

Zwoa Gebote!

Van Kriag erzähl`n die Kåmeråd`n, die ålt`n,
du muasst oder muasst di` net d`rån hålt`n!
Im Austropop, va STS,
hört ma s` singa über des,
wia da Feind va da Sowjetunion,
im G`wehr a schårfe Munition,
plötzlich geg`nüber g`stånd`n is
und beide håb`n zittert vor lauter Schiss!
A Prüfung wår des in ihrer Not!
Da Grund vielleicht vom Tod `sGebot?

In jungen Jåhr`n
håt s` mit Gewålt erfåhr`n,
in an fintser`n Kellerverlies,
dass da Våter a Bestie is!
24 Jåhr ei`g`sperrt, ohne Tågesliacht,
i glaub, då woaß koana wia eahm g`schiacht!
A jeder Sender håt`s bericht`,
nur wer befreit a Tochter von ihrer Pflicht,
in ihrer Not?
Net nur va oan Gebot?

11.5.2008

Auf der anderen Seite des Weges!

Es ist immer schwer, einen lieben Menschen zu verlieren,
　　im Leben,
mögen diese Zeilen ein wenig Trost euch geben!
Nichts in eurer Not,
nichts ist der Tod!
Ich bin nur in das Zimmer nebenan gegangen!
Ich bin ich! Ihr seid ihr! Keiner gefangen!
Das, was ich für Euch war, bin ich noch immer,
nur seht ihr mich nicht aus Eurem Zimmer!
Gebt mir den Namen,
den ihr mir immer gegeben habt! Amen!
Sprecht mit mir, wie ihr es immer getan,
gebraucht nie eine andere Redeweise und dann,
seid nicht feierlich oder traurig, sondern lacht
weiterhin über das, worüber wir gemeinsam gelacht!
Betet! Lacht! Denkt an mich!
Betet für mich! Ein jeder für sich!
Damit mein Name im Hause ausgesprochen wird,
so wie es immer war, keiner besonderen Bedeutung zugeführt!
Ohne eines Schattens Spur!
Das Leben bedeutet das, und nur
das, was es immer war!
Der Faden ist nicht durchschnitten, er ist noch da!
Warum soll ich nicht mehr in Euren Gedanken sein,
nur weil ich nicht mehr in Eurem Blickfeld bin?
　　Oder ist es zu klein?
Ich bin nicht weit weg, ich bin nur
auf der anderen Seite des Weges! Sucht die Spur!

24.5.2008

Abendgebet!

Herrgott, schenk` ma a selige Ruah,
i woaß`s, es g`hört net viel dazua,
åber g`råd` im Moment der Ruhephase
san meine Gedånk`n in Extase
und mei größte Sorg´ im Gedånk`ntief
is des, i glaub` es geht åll`s schief!

Herrgott, schenk` ma an kurz`n Tram,
damit i woaß, i bi` ba dir daham,
åber in da Ruah kimmt leicht da Zweif`l,
då is s` dånn då de Ångst vorm Teuf`l,
åber i möcht` gern dir vertrau`n
und morg`n in deine Aug`n schau`n!

Herrgott, schenk` ma an ruhigen Schlåf,
in da fintser`n Nåcht, bis morg`n. I hoff´,
es geht in da Finsternis nix schief,
åber i bemüh` mi und denk` positiv
und gfreu mi` scho`, dass mei` Verstånd
morg`n munter wird in deiner Hånd!

8.6.2008

Sommertraum!

Es is nimmer so wia`s friaha wår,
åber net schlechter mia kimmt vor,
dass des, des wås ma` si` verspricht,
va uns verlångt, dass ma´ verzicht
auf `sRecht, dass ma` si` geg`nseitig måg,
weil d`Liab is nimmer wia in die erst`n Tåg!

`sFruahjåhr is vorbei! Es is da Summa
nåhtlos in uns`re Ehe kumma
und wånn da Verspruch nu gilt,
va dir und mir, mit`n Herrgott in da Mitt`,
dånn kimmt des zweite, nåch dem ma tråcht`n,
dass ma uns geg`nseitig åcht`n!

Da Herbst kimmt a va selber irgendwånn,
den kånn ma` net aufhålt`n und dånn
wird si` die Fårb` va unsre Blattl vermehr`n
und mia, mia werd`n uns geg`nseitig ehr`n.
So wia`s durch`n Verspruch für uns bestimmt,
dånn bleib`n ma banånd bis da Winter kimmt!

10.8.2008

49

Lautlose Kinder!

Blaue Fleck`n muasst versteck`n,
blaue Fleck`n håb`n a Måcht.
Mit`m Versteck`n kånnst verdeck`n
dei` tiafes Load, åber a den, der s` g`måcht!?

8.12.2007

www.tredition.de

Über tredition

Der tredition Verlag wurde 2007 in Hamburg gegründet und ermöglicht Autoren das Publizieren von e-Books, audio-Books und print-Books. Autoren veröffentlichen ihre Bücher selbständig oder auf Wunsch mit der Unterstützung von tredition. print-Books sind in allen Buchhandlungen sowie bei Online-Händlern gedruckter Bücher erhältlich. e-Books und audio-Books können auf Wunsch der Autoren neben dem tredition Web-Shop auch bei weiteren führenden Online-Portalen zum Verkauf angeboten werden.

Auf www.tredition.de veröffentlichen Autoren in wenigen leichten Schritten ihr Buch. Zusätzlich bieten zahlreiche Literatur-Partner (das sind Lektoren, Übersetzer, Hörbuchsprecher und Illustratoren) ihre Dienstleistung an, um Manuskripte zu verbessern oder die Vielfalt zu erhöhen. Autoren können dieses Angebot nutzen und vereinbaren unabhängig von tredition mit Literatur-Partnern ihre Zusammenarbeit und partizipieren gemeinsam am Erfolg des Buches.